CAHIER D'EXERCICES

POUR L'ÉTUDE

DE L'HARMONIE

DE LA

Transposition ET **Composition**

DE LA

ANALYSE

De morceaux d'AUBER, de BEETHOVEN, de BELLINI, de BOIELDIEU, de DONIZETTI,
De GLUCK, de GRÉTRY, de HALÉVY, de HAYDN, de MEYERBEER, de MOZART,
de ROSSINI, de WEBER, etc. etc.

d'après les Procédés de

RAHN

Ancien Élève du Conservatoire de Musique de Paris

Prix net 5 francs

chez l'Auteur, 96 Rue de Varenne St Germain

1850

NOMENCLATURE,

DES 18 ACCORDS

EMPLOYÉS DANS LA MUSIQUE MODERNE.

ACCORDS DE TROIS SONS.

a . Accord parfait majeur, composé de deux tierces, dans l'ordre suivant __________ Maj. Min.

b . __________________ mineur ____ Min. Maj.

c . Accord de quinte diminuée ____ Min. Min.

d . __________________ augmentée _______________________________________ Maj. Maj.

ACCORDS DE QUATRE SONS.

e . Accord de septième diminuée, composé de trois tierces, dans l'ordre suivant __________ Min. Min. Min.

f . __________________ diminuante __________________________________ Maj. Min. Min.

g . __________________ mixte ______________________________________ Min. Min. Maj.

h . __________________ mineure ____________________________________ Min. Maj. Min.

i . __________________ majeure ____________________________________ Maj. Min. Maj.

ACCORDS DE CINQ SONS.

j . Accord de neuvième mineure dominante, composé de quatre tierces, dans l'ordre suivant __ Maj. Min. Min. Min.

k . __________________ de sensible en mineur ________________________ Min. Min. Min. Maj.

l . __________________ majeure dominante ___________________________ Maj. Min. Min. Maj.

m . __________________ de sensible en majeur _________________________ Min. Min. Maj. Min.

ACCORDS DE SIX SONS.

n . Accord de onzième dominante en mineur, composé de cinq tierces, dans l'ordre suivant ____ Maj. Min. Min. Min. Maj.

o . __________________ en majeur ___________________________________ Maj. Min. Min. Maj. Min.

ALTÉRATION DE CERTAINES NOTES DANS QUELQUES ACCORDS .

ACCORDS DE TROIS SONS.

p . Accord de sixte augmentée avec tierce, composé de deux tierces, dans l'ordre suivant _____ dim. Maj.

ACCORDS DE QUATRE SONS.

q . Accord de sixte augmentée avec tierce et quarte, composé de trois tierces, dans l'ordre suivant. Maj. dim. Maj.

r . __________________ et quinte __________________________________ dim. Maj. Min.

12 TONS MAJEURS

ACCORDS de 3 SONS					de 4 SONS			de 5 SONS.		de 6 SONS		ACCORDS ALTÉRÉS		
a	a	a	b	b	f	g	h	i	l	m	o	p	q	r

| DO Maj. |
| SOL Maj. |
| RÉ Maj. |
| LA Maj. |
| MI Maj. |
| SI Maj. |
| FA♯ Maj. |
| SOL♭ Maj. |
| RÉ♭ Maj. |
| LA♭ Maj. |
| MI♭ Maj. |
| SI♭ Maj. |
| FA Maj. |

12 TONS MINEURS

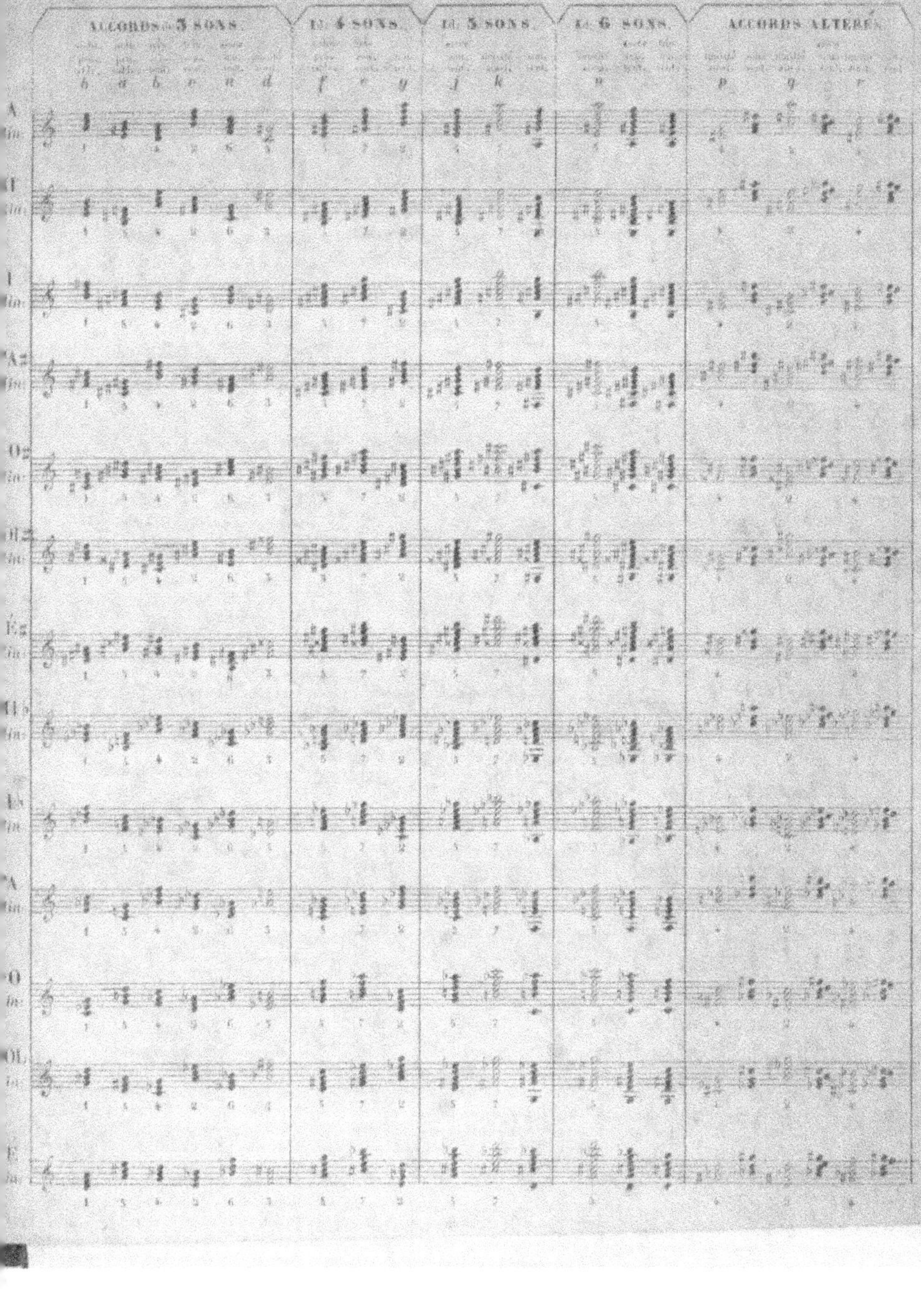

ACCORDS de 3 SONS.	Id. 4 SONS.	Id. 5 SONS.	Id. 6 SONS.	ACCORDS ALTÉRÉS

DESSINS MÉLODIQUES (MESURE à DEUX-QUATRE)
1er dessin
DESSINS FINALS

DESSINS MÉLODIQUES. (MESURE À TROIS-QUATRE.)

DESSINS MÉLODIQUES *(MESURE à QUATRE-TEMPS)*

DESSINS MÉLODIQUES (MESURE à SIX-HUIT)

MÉLODIES A ACCOMPAGNER

N.° 6
N.° 7
N.° 8
All.°
PARISINA DE DONIZETTI.
Andantino.
N.° 9

LA DAME BLANCHE.
N.º 10
D.C.
AIR TYROLIEN.
Allº Moderato
N.º 11
N.º 12
Andante
N.º 13

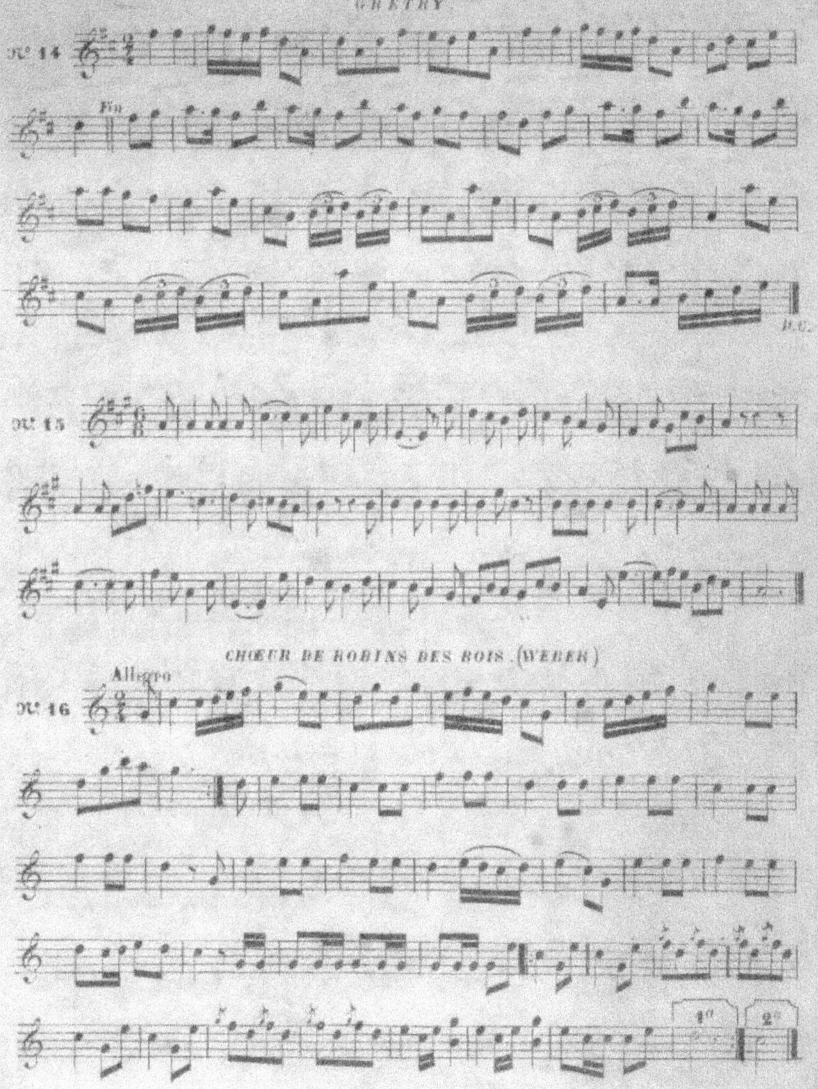
GRÉTRY.
N° 14
Fin
N° 15
CHŒUR DE ROBINS DES BOIS (WEBER)
Allegro
N° 16
1°
2°

12
And.no quasi Allo
No 17
BARCAROLLE DE L'ELISIRE D'AMORE. (DONIZETTI)
Fin
D.C.
And.te con moto.
CÉLÈBRE BARCAROLLE D'OBERON. (WEBER)
No 18
dolcissimo
AIR DE ZERLINE DANS DON JUAN. (MOZART)
And.te grazioso.
No 19
p
CAVATINE DE LA DONA DEL LAGO. (ROSSINI)
Andante
No 20

www.ingramcontent.com/pod-product-compliance
Lightning Source LLC
LaVergne TN
LVHW021817060726
842528LV00004B/1385